Couvertures supérieure et inférieure
manquantes

HENRI LEFORT.

M. LE MAIRE

« Le Maire est plus maître ici
que le roi à Paris. »

P.-L. COURIER.

PRIX : 1 FRANC.

EN VENTE CHEZ TOUS LES LIBRAIRES

ET CHEZ L'AUTEUR, A DINARD SAINT ENOGAT (ILLE-ET-VILAINE)

1866.

M. LE MAIRE

Non ! ça ne peut pas durer, il nous faut un autre maire, disait le père Blondeau continuant une conversation commencée un soir de septembre de la présente année sur la grève de St-Enogat.

Et je lui répondis :

— Nous n'y pouvons rien ni vous, ni moi, ni personne dans la commune. Je sais bien que le Maire est, ou doit être, le représentant de la commune ; et il fut un temps, que je regrette, où il était nommé par elle. Mais on a changé tout cela. C'est le gouvernement qui nomme et révoque les maires. Donc cela ne nous regarde pas.

— Comment ! cela ne nous regarde pas ; et si le gouvernement s'est trompé, s'il a fait un mauvais choix, il n'y a rien à faire et rien à dire !

— Rien à faire, non ; rien à dire, vous prouvez le contraire, car vous ne vous gênez pas pour en dire de belles sur le compte de notre maire. Et vous venez tout à l'heure de le qualifier d'un mot si énergique que j'ai presque eu peur pour vous et que j'ai regardé si quelqu'un vous écoutait. Vous êtes imprudent, père Blondeau. Heureusement pour vous que je serai muet comme les poissons qui seuls ont pu nous entendre.

— Oh ! je ne vous demande pas le secret. Personne ici ne se gêne pour dire le mot que je viens de lâcher. C'est la vérité.

— Mais toute vérité n'est pas bonne à dire.

— En raisonnant comme cela on n'arriverait à rien. Alors, à votre avis, il ne faut pas bouger, et c'est vous qui dites cela, vous un ami du progrès, vous qui même avez, dans le pays, la réputation de vouloir aller trop vite ? Je n'y comprends rien, ou plutôt je crois que vous voulez vous moquer de moi.

— Père Blondeau, avez-vous entendu parler de Lamartine ?

— Oui, certainement. Il a fait assez de bruit en 1848.

— Un soir, dans son salon, c'était sous l'Empire, on causait politique et je lui ai entendu dire ceci : « Il est un proverbe bon à méditer. Est-ce moi qui l'ai fait ou l'ai-je entendu en Orient ? Je n'en sais rien ; mais quoiqu'il en soit, le voici : « Il ne faut pas regarder ce qu'on ne peut pas toucher. »

— J'en demande bien pardon au fameux Lamartine, mais ce qu'il disait-là n'a pas le sens commun. Moi je veux regarder le maire; un chien regarde bien un évêque. Je vois de fâcheuses choses et je veux faire tout ce que je peux pour les empêcher. J'en ai bien le droit. D'ailleurs est-ce que la loi défend de toucher au maire ? Entendons-nous: je ne parle pas de lui donner des coups, mais je parle de le blâmer si l'on croit qu'il a tort, et d'en vouloir un autre s'il ne fait pas les affaires de la commune à notre gré.

— Non, la loi ne défend pas cela. La Constitution seule est déclarée perfectible et indiscutable. C'est le contraire, je le crois du moins, pour notre maire; il n'est pas perfectible, mais il est discutable.

— Eh ! bien alors, puisque vous convenez de cela, il faut le changer, j'en reviens toujours là.

— Il faut, c'est bientôt dit, mais comment ? Le moyen, voilà ce que nous ne pouvons pas toucher.

— Vous y tenez à votre mot de Lamartine. Je disais tout-à-l'heure que je ne comprenais pas ; je comprends maintenant. Je suis un paysan, mais je ne suis pas un imbécile. Vous dites le contraire de ce que vous pensez pour voir ce que je vous répondrai. Je vous réponds que si je l'avais trouvé ce moyen, je ne le chercherais pas, et que parce qu'il est difficile, çà ne prouve pas qu'il soit impossible à trouver. Non ! nous ne devons pas nous croiser les bras et laisser le maire seul maître de la commune. Pas de Conseil municipal ! il a donné sa démission il y a trois mois. Pas même d'adjoints ! ils ne se sont pas présentés le jour où on devait les installer, et de cela il y a six mois. On traite les communes comme des enfants. On ne les trouve pas assez grandes pour faire leurs affaires elles-mêmes, ce qui serait cependant bien moins compliqué et bien moins cher.

— C'est la centralisation.

— Comment dites-vous ?

— Je dis que ce dont vous vous plaignez s'appelle la centralisation.

— Ah ! je ne savais pas. C'est peut-être un beau mot, mais c'est pour sûr une vilaine chose, sauf le respect que je lui dois. Nous nous sommes donc adressés à nos tuteurs, puisqu'il le faut bien. On leur a écrit pour leur raconter des choses que le Maire s'était permis de faire et qui n'étaient pas à faire. Les conseillers municipaux ont voulu tenter un dernier effort avant de donner leur démission. Ils ont adressé, il y a six mois, au ministre de l'intérieur un mémoire signé par 14 d'entr'eux et par 150 habitants de la commune. Il est bien long ce mémoire, et pourtant il n'y a pas le quart du quart de tout ce qu'il faudrait dire.

— A quoi cela vous a-t-il servi ?..

— A rien pour le moment ; mais c'est un commencement et il faut continuer. Le monde ne s'est pas fait en un jour et un maire ne se défait pas en six mois. Le nôtre a la vie dure puisqu'il résiste à tout cela, mais ça ne prouve pas qu'il n'est pas mortel. « Il ne faut qu'un coup pour tuer un loup. » Puisque vous

aimez les proverbes , en voilà qui valent mieux que
celui de Lamartine ou des Bedouins de l'Orient. Au
lieu de nous contredire ou de faire semblant, vous
feriez bien mieux de nous donner un bon conseil, et
même de nous aider. Car vous voilà fixé dans le pays
et vous êtes aussi intéressé que nous aux affaires de
la commune qui vont à la diable. Est-ce que ce n'est
pas votre opinion ?

— Si, mais je ne vois réellement rien à faire contre
un homme aussi puissant que ce maire qui peut tenir
en échec le Conseil municipal ; car enfin, vos conseillers ont reconnu eux-mêmes l'impossibilité de la
lutte, en donnant leur démission. Et vous me deman-
dez à moi, tout seul, de chercher un moyen qu'ils
n'ont pas pu trouver, ni eux, ni les 150 habitants qui
ont signé le mémoire. Cherchez vous-même, père
Blondeau, cherchez, trouvez, et je me mets à votre
disposition si vous avez besoin de moi.

— A la bonne heure ! c'est bien parlé ; je vais réflé-
chir et en causer avec des amis. Voilà la nuit qui vient
et l'on dit qu'elle porte conseil. J'irai vous voir demain
matin. Nous sommes des Bretons, nous sommes en-
têtés, nous trouverons. Bonsoir, Monsieur.

— Bonsoir, père Blondeau.

Le soleil disparaissait à l'horizon empourpré de ses
derniers rayons, et je me rappelais les *Soleils cou-
chants* de Victor Hugo :

J'aime les soirs sereins et beaux, j'aime les soirs.

Le vent s'éleva tout à coup mugissant et sifflant.
J'entendais la grande symphonie de la mer montante,
le fracas des lames brisant sur les rochers, des galets
poussés par les vagues, roulant, remontant et redes-
cendant pour remonter encore. C'était comme des voix
éclatantes et rapprochées , ayant pour accompagne-
ment le roulement des flots lointains dont tous les
bruits arrivaient confondus dans l'unisson monotone
et rythmé d'une basse profonde.

J'étais venu sur la grève pour rêver à un drame commencé, pour chercher l'inspiration, et j'avais trouvé le
père Blondeau. Les splendeurs du soleil couchant

s'étaient éteintes. Les nuages, empourprés un instant avant, étaient noirs. Il faisait nuit. Il pleuvait à verse, Et je revenais à la maison, crotté, mouillé et imprégné de prose municipale.

Poésie et prose. Cette antithèse, c'est la vie. Elle est dans l'homme comme dans la nature.

Ceux qui affectent un dédain facile pour ce qu'ils appellent les réalités vulgaires de la vie, réalités qui sont souvent les devoirs de l'homme et du citoyen, ceux-là sont des sceptiques et des égoïstes, quand ils ne sont pas des imbéciles. D'ailleurs rien n'est petit ni grand absolument dans la vie sociale. Les choses sont ce que nous les faisons.

Paris. Saint-Enogat. Deux fourmilières. Une grande, une petite. Mais dans l'une et l'autre, mêmes drames et mêmes comédies, mêmes acteurs sur le grand théâtre ou sur le petit, l'éternel combat du bien et du mal, les victoires et les défaites qui ne sont jamais fatales et qui dépendent de l'énergie des combattants.

Si dans toutes les communes de France la majorité des citoyens suivait l'exemple du père Blondeau, les efforts des plus humbles citoyens réaliseraient les progrès rêvés par les plus grands penseurs. On parlerait moins des principes de 89 parce qu'on les pratiquerait davantage. La souveraineté du peuple s'affirmerait dans les faits. Nous pourrions dire, en faisant une variante à un mot célèbre, que nous aurions enfin : la commune libre, dans l'État libre.

II

Le lendemain je vis arriver le père Blondeau avec une liasse de papiers sous le bras.

— Avez-vous trouvé ? lui dis-je.

Il posa les papiers sur mon bureau et les couvrant de sa large main dit en me les montrant :

— Voilà la chose. Tout dépend de vous maintenant et de vous seul. Mais avant de nous expliquer là-dessus, dites-moi donc ce qu'il y a de vrai dans ce qu'on m'a raconté hier soir. On parle beaucoup de cela dans le pays depuis quelque jours. On dit que vous avez traîné le maire devant les tribunaux.

— Non, père Blondeau, on exagère. D'ailleurs, c'est au notaire et non au maire que j'ai affaire.

— A M. Aubert ?

— Oui.

— Eh bien, il est maire et notaire à la fois, et même ça ne devrait pas être; mais enfin il ne s'agit pour le moment que de ce qu'il a fait dans son étude. Nous nous entendons. Allez toujours.

— Il m'avait envoyé une note de frais de vente que j'ai fait examiner par un homme compétent; j'avais des raisons pour cela.

— Oui, oui; connu !

— La note excédait le tarif. Je la lui ai renvoyée. Il l'a modifiée, et m'a fait faire des excuses pour ce qu'il appelait une erreur ; mais on m'a dit encore qu'il restait une autre erreur, pour me servir de son mot; alors, pour en finir, j'ai exigé qu'il fît taxer sa note par M. le président du tribunal de St-Malo, qui, en effet, l'a réduite ; mais M. Aubert l'avait en sa possession et il la gardait.

— Ce n'est pas étonnant; il n'était pas pressé de vous donner la preuve qu'il avait fait, non pas un compte de notaire, mais un compte d'apothicaire, comme on dit.

— Enfin, ce n'est qu'après une assignation devant M. le juge-de-paix de Pleurtuit, qu'il s'est décidé à me l'envoyer.

— Et alors, si le proverbe a raison de dire que les bons comptes font les bons amis, vous devez être joliment bon ami avec le notaire.

— Je ne crois pas.

— Ni moi non plus ; mais il paraît que cela vous est égal, à vous.

— Dites-moi, est-ce que vous avez fait beaucoup de frais pour tout cela?

— Non. La taxation du président du tribunal ne

coûte rien , et l'assignation devant le juge-de-paix coûte 25 c.

— Tout le monde peut exiger d'un notaire une note taxée ?

— Oui.

— Fameux ! C'est bon à savoir. On s'en souviendra dans l'occasion. Mais revenons à notre affaire. Maintenant, après ce que vous venez de me raconter, j'ai bien plus d'espoir que vous accepterez ma proposition. Voilà ce que nous nous sommes dit, hier soir, avec les amis. On a envoyé aux autorités des lettres, un Mémoire, on est même allé à Paris exprès pour cela , dans les bureaux du ministère , et chez notre député — j'avais oublié de vous le dire ; ça été comme si l'on chantait. D'où cela vient-il ? De ce que nos histoires n'étaient pas imprimées ; quand c'est imprimé, ça fait bien plus d'effet sur les autorités. Et, en tout cas, ça fera de l'effet sur le public, qui est le juge des juges puisque nous avons le suffrage universel. Le public verra le fond du sac que les autorités n'ont pas vu, sans doute, puisqu'elles donnent raison au maire. Le ministre est le maître de faire ce qu'il veut. Nous sommes des gens tranquilles, et nous lui obéissons. Mais nous avons bien le droit de dire qu'il se trompe, n'est-ce pas ?

— Certainement.

— Il faut donc le dire bien haut, il faut le prouver dans cet imprimé qui sera lu dans tout le pays, et peut-être ailleurs , et qui fera du bruit comme une cloche sonnant toujours, tant qu'on ne nous aura pas donné un autre maire. Lisez-donc tous ces papiers, ce sont des lettres au sous-préfet, au préfet, au ministre et leurs réponses. Choisissez dans le tas ce qui est bon à imprimer, avec des explications que vous arrangerez à votre façon.

— Ah ! père Blondeau, que me proposez-vous là ?

— N'avez-vous pas dit hier que vous vous engagiez à nous aider si vous pouviez nous être utile ? Croyez-vous que cette impression-là ne servira à rien ?

— Je ne dis pas cela, mais je crois que vous vous en exagérez beaucoup l'effet.

— Possible ; mais il faut tout essayer de ce qui est honnête et pas contraire aux lois.

— Oui ; mais vous me proposez une besogne bien difficile et surtout bien ennuyeuse.

— Ah ! pardon, je vous arrête là. Etes-vous bien aise d'avoir du pain quand vous avez faim ?

— Oui, mais je ne vois pas le rapport.....

— Je vais vous le montrer. C'est nous autres cultivateurs qui faisons venir le blé. C'est bien difficile et c'est bien ennuyeux ; mais si tout le monde en disait autant de son travail, où en serions nous ? A chacun sa tâche. Nous faisons ce que vous ne sauriez pas faire, et vous devez faire ce que nous ne saurions pas faire. Vous êtes un brave homme. Vous avez, à ce qu'on dit, sur la politique et sur la religion des idées qui ne sont pas les nôtres ; mais il ne s'agit pas de cela ici. Nous sommes d'accord, car nous savons bien que vous cherchez la justice et la vérité. Eh bien ! ce que nous demandons c'est la justice ; ce que nous disons, c'est la vérité. Et puis d'ailleurs il s'agit de vos intérêts comme des nôtres. Enfin, vous m'avez promis ; chose promise, chose due.

— Soit ! j'essaierai ; mais il faut que vous m'aidiez dans ce travail.

— Mais je ne sais pas écrire, moi.

— Vous savez parler.

— Pour ça oui. On dit même dans la commune que je suis un fameux bavard. Qu'est-ce que vous voulez que je vous dise ?

— Racontez-moi en gros ce que vous reprochez au maire.

— Et au notaire ?

— Non.

— Au fait, vous êtes fixé sur son compte, au notaire. Je vais tâcher de ne rien dire que les choses principales, parce que si je disais tout il y aurait un gros livre à imprimer et ça coûterait trop cher. Parlons de l'église. La maison du bon Dieu doit passer avant tout. Vous n'y allez jamais, et moi je n'y vais guère. Chacun son goût ; mais il ne faut pas penser qu'à soi. Presque tout le monde, ici, y va tous les dimanches et d'autres même y vont plusieurs fois pendant la semaine. Ils sont libres de faire des dévotions, si ça leur plaît, n'est-ce pas ?

— Certainement, Béranger à dit :

> Qu'on puisse aller même à la messe
> Ainsi le veut la liberté.

— C'est bien dit ça — Eh ! bien nous avions une jolie église à Saint-Enogat. Il n'en reste plus que le clocher et les quatre murs. Tout le reste a été détruit et emporté en 1857. Pourquoi et par qui ? Tirons un voile là-dessus — plusieurs regrettent aujourd'hui ce qu'ils ont fait alors, n'en parlons plus ; — cependant il faut que je vous raconte une drôle d'histoire au sujet de cette église, histoire qui étonnera tout le monde religieux ou pas religieux. La commune a mis en vente la vieille église. Elle a été achetée par le curé pour qui on en rebâtissait une autre à Dinard. Pourquoi achetait-il cette église ? Vous allez voir. Dans l'acte de vente passé avec la commune il était convenu que, sous peine de 10,000 fr. de dommages et intérêts, on ne rétablirait jamais d'église dans cet endroit là. Ainsi on pourrait y établir un cabaret, un bastringue, n'importe quoi ; on pourrait y boire, y danser, y faire tout le tremblement, mais pas y prier, pas y dire la messe. On avait déménagé tout le mobilier du bon Dieu, mais ce n'était pas assez, il lui était défendu, sous peine d'amende, de revenir demeurer dans son ancienne maison ; et c'est un curé qui a signé cela. Il a donné par testament la vieille église à un autre prêtre.

Un jour on s'est dit à Saint-Enogat : — C'est cependant bien dur pour les petits enfants, pour les vieux et pour les vieilles d'être obligés d'aller jusqu'à Dinard entendre la messe, pendant l'hiver, quand il pleut, quand il neige, quand il fait des vents terribles comme il en fait si souvent dans ce pays-ci ; ils risquent d'attraper du mal. Et c'est encore plus dur quand on pense qu'on avait là une jolie petite église sous la main, au beau milieu du village ; comment faire ? On ne peut cependant pas nous empêcher de refaire une église, ou au moins une chapelle, avec notre argent — et on s'est mis en quatre pour en trouver. Il faut dire, pour être juste, que le prêtre actuellement propriétaire de la vieille église s'est empressé, quand il a vu cela, de l'offrir pour rien et naturellement sans réclamer les 10,000 fr. Mais on a eu peur que la commune les réclame et l'on s'est payé une petite chapelle à côté de l'ancienne église.

— Mais je ne vois pas que M. Aubert soit pour rien dans tout cela.

— Non, pas encore ; mais attendez, vous allez le voir arriver.

Toujours la nécessité de demander la permission aux tuteurs pour faire n'importe quoi ; qu'est-ce que cela fait cependant au gouvernement que nous ayons une chapelle et un prêtre pour y dire la messe, puisque nous ne lui avons pas demandé un sou pour la bâtir et que nous offrons même de payer le prêtre pendant la première année ?

— Mais non, c'est toujours ce que vous appelez....

— La centralisation.

— Oui, il fallait un tas de formalités. Et c'est là que le maire a montré sa force. Il a dit à des personnes qui sont encore là pour en témoigner, qu'il retarderait l'ouverture de la chapelle le plus qu'il pourrait, *sans faire grâce d'un quart d'heure*. Et il a joliment tenu sa parole, cette fois là, on ne peut pas lui reprocher le contraire ; il faut être juste.

D'abord, il a commencé par ne pas donner l'alignement qu'on était obligé de lui demander pour commencer la construction. On n'a pu l'obtenir qu'en lui faisant faire une sommation par huissier. Puis ensuite, pour faire de ce bâtiment une chapelle publique, il fallait envoyer un tas de papiers au Conseil municipal. Ils ont été remis au maire en juin 1865, et il n'en a parlé au Conseil qu'à la fin de février 1866. Et encore c'est grâce à ce que M. Chauvin, un parisien, qui a une maison ici, s'est plaint souvent au sous-préfet qui a donné l'ordre plusieurs fois au maire de faire son devoir. Ainsi vous voyez que c'est tout au plus si le sous-préfet lui-même peut se faire obéir de lui.

Ensuite il fallait renvoyer ces papiers à l'archevêché de Rennes, à Paris, et on ne pouvait pas les lui faire rendre. Il les a gardés tant qu'il a pu. Enfin, il a fini par les lâcher, parce qu'on l'y a forcé. Et la chapelle est toujours là à ne rien faire, et cet hiver encore peut-être on ne pourra pas en profiter.

— Etes-vous bien sûr que c'est la mauvaise volonté du maire qui est cause de tous ces retards ? Quel intérêt y avait-il ?

— Vous verrez ça tout à l'heure et vous n'en douterez pas.

— Après l'église la chose la plus importante c'est l'école.

— Ah ! notre maison d'école c'est la honte du pays. Figurez-vous que nos enfants prennent leurs leçons dans une mauvaise petite baraque obscure, humide tellement qu'on est obligé quelquefois de placer un morceau de bois sous leurs pieds pour qu'ils ne trempent pas dans l'eau, et même il y a des jours où l'eau monte tellement qu'on est forcé de leur donner congé. Est-ce croyable? et cependant c'est vrai. C'est donc la santé et l'instruction des enfants qui souffrent à la fois.

— Et cependant la commune a vendu, il y a plusieurs années, l'ancienne maison d'école 9500 fr. Il y avait là de quoi en refaire une autre convenable.

— Mais non. Il s'agit bien des enfants. On a d'autres choses à faire. A quoi cet argent là a-t-il passé ? A quoi donc cela sert-il d'avoir un maire s'il fait ce qu'il ne devrait pas faire, et s'il ne fait pas ce qu'il devrait faire ? A quoi cela sert-il d'avoir le suffrage universel et de nous déranger pour nommer un Conseil municipal s'il ne peut pas arriver à faire respecter la volonté de la commune et à mettre de l'ordre dans ses affaires, s'il est forcé de donner sa démission pour ne pas être responsable du mal qu'il ne peut pas empêcher. Vous pensez bien qu'au milieu de tout ce gâchis les comptes sont très embrouillés et que nous ne savons pas où passe notro argent. Ainsi, pour ne parler que de deux choses, on fait des souscriptions pour l'habillement des pompiers. On a dû verser de l'argent. Où est-il ? Si les pompiers n'avaient pour s'habiller que l'argent qu'on leur a donné, ils seraient nus comme des petits saint Jean. M. Féart, un préfet que nous aimions bien, celui-là, avait donné 600 fr. pour le remblai de la place de l'Eglise. Pas plus de remblai que dans mon œil. Où sont les 600 fr.?

On répondra à cela que le maire a rendu ses comptes au Conseil municipal. C'est peut-être lui qui a fait courir ce bruit-là, mais nous disons, nous, que c'est une pure blague. Est-ce qu'il appellerait séance du Conseil municipal la réunion de quatre conseillers qui a eu lieu le 5 juillet, trois jours après la démission de la majorité ? Oui, sur neuf qui n'avaient pas donné leur démission, il n'en est venu que quatre, et les adjoints, qui ne sont pas adjoints, n'y étaient même pas. Eh bien ! c'est à ces quatre hommes — sans caporal, à moins que ce soit M. le maire qui en ait tenu la place, — c'est à ces quatre conseillers qu'il a rendu ses comptes. — Est-ce que c'est pas une comédie ? — Est-ce que c'est conforme à la loi ? — Est-ce que cette réunion là n'est pas nulle et archi-nulle ? — C'est donc pas des comptes qu'on nous rend, c'est des contes qu'on nous fait.

Nous nous plaignons d'avoir un maire qui n'en est pas un. Un vrai maire doit s'occuper de toute sa commune et le nôtre ne s'occupe que d'un petit coin — où on a fait onze routes — je les ai comptées. Et tout cela depuis que Dinard est devenu à la mode et que les beaux messieurs et les belles dames de Paris et des villes viennent y prendre des bains de mer.

Naturellement, nous ne sommes pas assez bêtes pour nous plaindre de leurs visites. Ils apportent de l'argent dans le pays, et ceux qui en gagnent le plus, ce sont les marchands de terrains, qui les vendent ou qui les vendront à très bon prix, et les propriétaires des maisons de Dinard , qui les louent très cher, comme M. Aubert, qui n'est pas seulement maire et notaire, mais encore un des marchands de ces terrains et, de plus, logeur en garni. Ce dont nous nous plaignons, c'est de voir que dans ce petit coin on a dépensé tant d'argent, qui aurait été bien mieux employé à la construction d'une mairie et surtout d'une Maison d'école, à la réparation des chemins de première nécessité, qui sont dans un état pitoyable, tellement qu'il y a des champs qu'on ne peut pas cultiver faute de pouvoir y faire arriver des charrettes. Et cela, au moment où le gouvernement fait une enquête sur les moyens d'améliorer l'agriculture. On dit que tout cela se fera plus tard. Mais quand? et c'est par là qu'il fallait commencer.

— Père Blondeau, savez-vous que ce que vous me dites-là est très étonnant. — Êtes-vous sûr que M. Aubert soit marchand de terrains, comme vous dites, et logeur en garni?

— Si j'en suis sûr! mais tout le monde le sait et il ne s'en cache pas. Il a loué une de ses maisons, la plus grande, cette année, à M. le duc de Padoue, et l'année dernière, à M. le préfet.

— Mais la loi (¹) défend expressément aux notaires de spéculer sur la vente des immeubles et de faire aucune opération de commerce. — Être logeur en garni, c'est si bien faire acte de commerce, que M. Aubert doit payer patente.

(1) Il est interdit aux notaires, soit par eux-mêmes, soit par personnes interposées, soit directement, soit indirectement : 1º de se livrer à aucune spéculation de bourse ou opération de commerce, banque, escompte ou courtage ; 2º de s'immiscer dans l'administration d'aucune société, entreprise ou compagnie de finances, de commerce ou d'industrie ; 3º *de faire des spéculations relatives à la vente et à la revente des immeubles*, etc., etc. (Article 13.) — Les prohibitions portées en l'article précédent seront, ainsi que les autres infractions à la discipline, poursuivies lors même qu'il n'existerait aucune partie plaignante, et punies, suivant la gravité des cas, en conformité des dispositions de la loi du 27 Ventôse an XI, et de la présente ordonnance. (Ordonnance royale du 4 janvier 1843.)

— Je n'en sais rien (¹).

— En tout cas, s'il n'est pas patenté, c'est une illégalité de plus, car tous les propriétaires, sans exception, qui louent pendant la saison d'été, sont astreints à payer patente.

— Mais alors, pourquoi lui laisse-t-on faire ce qui est contraire à la loi ? On dit que tous les Français sont égaux devant la loi, on n'a pas ajouté : excepté M. le maire de St-Enogat. Comment! c'est lui, notaire, qui doit savoir la loi; lui, maire, qui est chargé de la faire exécuter, qui lui désobéit. Je ne savais pas cela. Vous voyez bien qu'il fait ce qu'il veut et que si tout cela est connu, il faudra bien que ça finisse. Imprimez, imprimez! Comment allez-vous arranger toutes ces histoires-là ?

— J'y ai pensé en vous écoutant. J'ai pris des notes comme vous avez pu le voir, et je crois que le moyen le plus simple, c'est de raconter nos conversations et de les faire suivre du Mémoire envoyé au ministre de l'intérieur. Qu'en pensez-vous ?

Le père Blondeau resta quelque temps sans me répondre. Il se leva, fit quelques pas en proie à une grande agitation, vint se placer devant moi et me dit d'une voix émue :

— Monsieur, je suis un ancien marin de l'Etat. J'ai vu la mort de près dans des batailles, dans des naufrages, je ne peux pas dire que je n'ai jamais eu peur, mais je peux dire bien haut que je n'ai jamais reculé, et que j'ai toujours fait mon devoir. Je ne suis pas un lâche, tout le monde le sait bien ici ; mais j'ai des enfants, des parents...

— Père Blondeau, devenez-vous fou ? Je n'ai jamais douté de votre honorabilité, de votre courage. Où voulez-vous en venir ?

— A ceci, c'est que si vous imprimez mon nom, si vous imprimez que c'est moi qui vous ai raconté tout cela.....

(1) Pour le savoir, je me suis présenté aux bureaux de M. le percepteur de Dinard. Je lui ai demandé à consulter les rôles des patentes. Il m'a refusé cette communication.

Je me levai et j'allai prendre dans ma bibliothèque un livre que j'ouvris.

— Ecoutez, père Blondeau, il s'agit d'un homme qui avait à se plaindre de son maire et qui dit :

« Moi, Messieurs, voyant cela, je le fis assigner.
» Ah ! faute irréparable, mon supérieur, mon maire,
» le plus riche propriétaire de toute la commune, l'at-
» taquer en justice ! Moi, pauvre paysan, domestique,
» renvoyé lui demander mon dû ! Je fis cette folie
» dont je me repens bien, et je vous jure que de ma
» vie, dussé-je mourir de faim, jamais plus ne m'arri-
» vera de faire assigner un maire. »

— Tiens ! le nôtre a été aussi assigné plusieurs fois. Mais continuez cette lecture, ça m'intéresse.

— Je continue : « Aussi bien que sert-il ? M. de
» Beaune comparut devant le juge-de-paix, fit serment,
» leva la main qu'il ne devait rien. »

— Par exemple !

— « Et je perdis mes cinquante francs et toujours :
» Tu me le paieras. Il m'a tenu parole, je lui paie bien
» l'argent qu'il me devait. — Dès lors, on me con-
» seilla de quitter le pays. Va-t-en, Blondeau, va-t-en,
» me dit un de nos voisins. — Que veux-tu faire ici,
» ayant fâché le maire? Le maire est plus maître ici
» que le roi à Paris. Procès, amende, prison, voilà ce
» qui t'attend. Plus de repos pour toi, plus de travail
» possible. Tu ne mangeras plus morceau qui te pro-
» fite, ayant fâché le maire. Va-t-en, pauvre Blon-
» deau ! »

— Je vous appellerai Blondeau, en souvenir de Paul-Louis Courier, qui a raconté cette histoire qui se passait sous Charles X.

— J'aime mieux cela. J'ai peut-être tort, car enfin il n'y a peut-être rien à craindre, et l'on a dû faire des progrès depuis Charles X — mais c'est plus sûr — et quand on devient vieux...

— On devient prudent — pas toujours. Hier, sur la grève, vous parliez comme un jeune homme.

— Ah ! c'est que ce qui est parlé et ce qui est im-primé, ça fait deux. — Enfin, c'est entendu, vous allez raconter tout ce que je vous ai dit.

— Tout, non ; car il y a des choses que je ne peux
pas répéter.

— Oui, je sais ce que vous voulez dire. Mais, enfin,
vous en direz le plus possible.

— Oui.

— Fameux ! le Maire est enfoncé. Vive l'Empereur !

— Chut ! ne parlons pas politique.

Et sur ce, le père Blondeau me serra la main et me
quitta.

Nous avions l'intention de publier comme pièces justificatives des lettres et protestations des conseillers municipaux. Cette publication serait très intéressante, mais trop longue et nous nous bornons à publier : 1° le Mémoire (1) au Ministre de l'Intérieur ; 2° la démission collective de 12 conseillers, qui a déjà été publiée dans le *Phare de la Loire* et reproduite par quelques journaux de Paris ; 3° la réponse de M. le Ministre de l'Intérieur qui nous est communiquée au moment où cette brochure allait être mise sous presse.

----

(1) Ce Mémoire a été rédigé par M. Carfantan, ex-maître clerc de notaire, propriétaire à Saint-Enogat, et conseiller municipal démissionnaire. Je me permets de publier son nom parce que je sais qu'il ne partage pas les craintes du père Blondeau, et parce que je crois pouvoir me dire l'interprète de la majorité de la commune en rendant un hommage public à son initiative intelligente et énergique pendant la lutte du Conseil municipal contre le Maire.

MÉMOIRE

Adressé le 2 mars 1866 par 14 conseillers municipaux et 150 des principaux habitants de la commune de St-Enogat, à Son Excellence Monsieur le Ministre de l'Intérieur.

MONSIEUR LE MINISTRE,

Nous, conseillers municipaux, formant la majorité du Conseil municipal de la commune de Saint-Enogat, et nous, habitants et contribuables de la même commune, unis les uns aux autres par le sentiment de nos devoirs puisés à la source même des nobles et profondes pensées que nous trouvons développées avec un si remarquable talent dans votre circulaire du 5 août 1865, avons l'honneur de nous pourvoir devant Votre Excellence pour la supplier de décider, par un dénouement quelconque, qui des deux doit l'emporter, d'une Administration ou d'un Conseil électif en opposition sur la manière de gouverner une commune.

Tous nos griefs reposant sur des faits, nous laisserons parler ces faits dans toute leur vérité.

Quant à M. le Maire, qui est en même temps le notaire de notre commune, nous n'en dirons rien *personnellement*, car nous serions amenés à dire comment ces deux fonctions sont incompatibles pour la bonne administration de notre commune, nous *aurions trop à dire à ce sujet*, nous aimons mieux que la lumière vienne d'une *enquête publique que nous appelons de tous nos vœux.*

Nous pouvons seulement dire en principe qu'il est essentiel qu'un Maire soit personnellement considéré et entouré de l'estime et des sympathies publiques, car c'est ce seul caractère qui fait respecter en lui l'autorité qu'il représente, nous pouvons dire aussi que de l'emploi bien ou mal dirigé des moyens d'influence que donnent les fonctions publiques placées entre les mains de cette magistrature populaire, dépendent *le bon ou le mauvais exemple,*

*le bon ordre ou le désordre d'une commune, le respect ou le mépris
de la loi.*

Nous nous inclinons assurément devant le choix de M. le Préfet,
mais nous ne pouvons nous empêcher de dire que les élections
municipales avaient assez justifié l'opinion publique pour qu'il fût
permis de désirer un Maire plus sympathique aux populations que
celui que M. le Préfet nous a donné.

En effet, M. le Préfet avait résidé chez M. le Maire dont il avait
loué la maison depuis le mois de juin jusqu'au 1er octobre 1865. M.
le Préfet avait par conséquent été témoin de la défaite de M. le
Maire dans les élections où la liste *municipale tout entière* avait
passé à l'exception du *Maire seul*. Cette défaite avait été accueillie
aux cris de : Vive l'empereur ! et célébrée par un feu de joie, le
tout à la connaissance de M. le Préfet. Nous ne savons pas
comment M. le Préfet accueillit ce résultat; mais ce que nous
savons, c'est qu'il ne se presse pas d'organiser la nouvelle administration municipale. Maintiendrait-il le Maire à la tête de cette
administration, c'est-à-dire userait-il d'une exception que rien ne
justifiait dans l'espèce en prenant le Maire hors du Conseil municipal ? Telle était la question dont on attendait la solution depuis
quatre mois qu'avaient eu lieu les élections où M. le Maire avait
successivement succombé aux deux tours de scrutin, quand on
apprit que tout espoir n'était pas perdu pour lui. En effet, M. le
Préfet faisait convoquer de nouveau les électeurs pour nommer un
conseiller dont il avait annulé l'élection pour des causes qu'il ne
nous appartient pas d'apprécier, et peu de temps après M. le
Maire se remettait bravement sur les rangs, malgré ses deux
échecs, et faisait de nouveau distribuer ses bulletins.

Il est inutile de dire le reste. M. le Maire sortit cette fois victo-
rieux *au dernier tour de scrutin* dont le dépouillement démontra
qu'il *avait été seul à concourir, et qu'une grande partie des
électeurs s'étaient abstenus de voter*, fut, *très-peu de temps après*,
maintenu dans ses fonctions de Maire. L'esprit public s'en émut
sur le moment, mais la commune de St-Enogat, confiante dans les
hommes qui composaient son nouveau Conseil, accepta son sort
avec résignation, pressentant des événements qui ne tardèrent pas
à se produire.

L'installation du nouveau Conseil municipal eut lieu le 17 décembre 1865, avec calme et avec dignité ; tous les Membres prêtèrent
serment avec la ferme volonté de servir le pays et l'Empereur avec
fidélité, et d'observer la Constitution et les lois de l'Empire. Le
lendemain de cette installation eut lieu chez M. le Maire ce *fameux*
dîner, qui se prolongea fort avant dans la nuit, et auquel M. le
Maire avait convié quelques Membres seulement du Conseil, qui
avaient été assez heureux pour fixer tout de suite son choix, parmi
ceux dont il avait cru devoir s'entourer, mais qui, malgré cette dis-
tinction flatteuse, se sont déjà, en partie, retirés de lui.

Enfin, le Conseil municipal commença, le 24 décembre 1865, la
session extraordinaire de ses travaux avant d'être entièrement
organisé, car, à l'heure qu'il est, M. le Préfet n'a pas encore
nommé d'adjoints.

On croyait généralement que cette session allait s'ouvrir par l'examen des grandes questions qui préoccupaient les esprits depuis longtemps, car on savait depuis longtemps que la dette communale, contractée pour la construction de l'Eglise, dont le siége avait été transféré du bourg de Saint-Enogat au village de Dinard, était liquide ; que les créanciers en exigeaient le paiement immédiat ; que les intérêts grossissaient toujours le capital, et qu'il était, par conséquent, urgent d'aviser au plus vite aux moyens de créer de nouvelles ressources pour satisfaire à cette obligation.

L'esprit public se préoccupait aussi depuis longtemps de la construction d'une Maison d'Ecole, pour laquelle il y a déjà en caisse plus de onze mille francs, provenant de l'aliénation de l'ancienne Ecole. La nécessité de cette nouvelle Ecole se recommandait d'autant plus vivement, alors comme aujourd'hui, qu'il y a urgence de faire sortir les enfants du local malsain où ils sont actuellement, et où leur santé, comme celle des maîtres, est en danger, puisque ce local est dans un endroit humide, où ni l'air ni la lumière ne pénètrent, et où souvent l'eau inonde les classes et oblige à les déserter.

Enfin, il était aussi question depuis longtemps de la construction d'une Mairie, dont le besoin se fait sentir chaque jour.

Mais, parmi tous ces besoins, les souffrances de l'agriculture, si digne d'intérêt, réclamaient spécialement toute la sollicitude des administrateurs pour l'amélioration par le service vicinal de nos voies agricoles, qui ont acquis si légitimement et depuis si longtemps des droits aux bienfaits dont le gouvernement de l'Empereur n'a cessé de l'entourer, et que Sa Majesté a consacrés solennellement en ordonnant une enquête, qui donnera une légitime satisfaction aux aspirations du premier des arts, de celui qui est la première richesse d'un pays.

Au premier rang de ces voies se plaçait naturellement, par les services immenses qu'il était appelé à rendre *spécialement* à l'agriculture, en facilitant l'exploitation d'une grande étendue de terres, dont une partie reste inculte faute de débouchés, et en desservant en même temps d'importants villages, un chemin qui est tout ouvert depuis le bourg de Saint-Enogat, où il a son point de départ, jusqu'à la route impériale, en passant par les deux grands villages de Saint-Alexandre et de la Saudrais. Ce chemin qui a été classé tout récemment, sur les instances réitérées d'un simple particulier, devrait être fait depuis longtemps ; il était demandé depuis de longues années ; les populations avaient ouvert spontanément une souscription ; elles ont fait part à l'administration des sacrifices qu'elles s'imposaient, l'administration n'avait qu'à venir à leur aide ; cependant elle n'a encore rien fait pour ce chemin ; elle s'est montrée aussi indifférente à ces sacrifices qu'à ceux que s'était déjà imposés un riche et généreux citoyen qui avait ouvert, avec le concours des populations intéressées, le chemin vicinal no 6, auquel doit se relier le chemin dont nous nous occupons. Au contraire, nous allons mettre en regard l'activité que l'administration a mise à enfanter de nouveaux projets de chemins que la masse de la population repousse.

Telles étaient donc et telles sont encore les légitimes aspirations des populations ; c'était déjà beaucoup plus de choses que la commune n'était en état d'en faire tout de suite, puisqu'avant de songer à faire des dépenses nouvelles, il fallait s'occuper de payer des dépenses antérieures ; mais au moins ces choses avaient le mérite de réunir les sympathies générales des populations , parce qu'elles étaient utiles, indispensables pour tous, et ces sympathies se sont traduites, pour certaines de ces choses, par des sacrifices réels et avantageux à la commune ; et si , malgré cela , il n'a pas été possible de faire tout le bien qui est à faire, il ne faut pas que ni M. le Préfet ni M. le Maire s'étonnent de la résistance que rencontrent dans le Conseil des projets de travaux qui ne sont que de l'utilité de quelques-uns, qui sont plutôt du domaine de l'industrie privée que du ressort d'une bonne administration, travaux que la population , en général , repousse et qu'on tend cependant à lui imposer.

M. le Préfet, qui a habité notre pays assez longtemps et surtout en assez *bonne* société pour connaître nos *véritables* besoins — car personne ne pouvait mieux les lui faire connaître que M. le Maire — nous paraît avoir été mal informé. En effet, on l'a vu circonscrire pour ainsi dire toute son attention sur un coin de la commune, dans un endroit aride, sablonneux, situé derrière le village de Dinard, dans le voisinage des bains de mer qu'il était à même de fréquenter journellement, puisque c'est là qu'est située la maison de M. le Maire. Cet endroit est devenu la spéculation de quelques industriels, pour la plupart étrangers au pays. Parce que quelques étrangers qui sont venus prendre des bains de mer à Dinard se sont épris de la beauté d'un site, et ont acheté à des prix exorbitants quelques parcelles de terrain où ils ont bâti, les spéculateurs se sont emparés de cette vogue momentanée, ont acheté presque tous les terrains de cette région dans l'espoir de les morceler, et d'en tirer des bénéfices énormes.

Mais pour morceler ces terrains, il fallait ouvrir en tous sens des rues, des boulevards et jusqu'à des places, et ils ont conçu l'idée d'entraîner la commune à servir leurs intérêts privés. Ils pouvaient d'autant moins se passer du concours de la commune pour arriver à leurs fins, qu'il se trouve encore enclavés parmi eux quelques propriétaires récalcitrants qui n'ont pas voulu leur vendre leurs terrains à aucun prix ; il fallait donc entraîner la commune à les exproprier, et pour arriver à l'expropriation, comme pour arriver à mettre ces nouvelles voies à la charge de la commune, il fallait arriver à les faire classer chemins vicinaux. Ils n'ont donc rien négligé pour arriver à ce but ; ils ont d'abord présenté leurs projets sous l'apparence du bien public en abusant de ce paradoxe, que tout faire pour attirer les baigneurs, c'est faire la fortune du pays ; ils ont ensuite parlé de faire à la commune des donations de terrains pour l'ouverture des voies, donations plus onéreuses que profitables à la commune, puisqu'elles déguisaient des charges nouvelles pour celle-ci ; ils ont ensuite fait miroiter des offres de sommes d'argent qui auraient été avancées à la commune par une société fictive qui n'existe sous aucun nom ni par aucun acte, et qui possède tous ces terrains on ne sait trop comment, car l'agiotage fait passer ces terrains de mains en mains, sans qu'il soit toujours fait de contrat régulier constatant les transmissions de propriété.

Voilà pourtant quelles sont les affaires que M. le Maire a proclamées d'intérêt communal, et dont il a occupé le Conseil à la première séance qui eut lieu le 24 décembre 1865. Le Conseil ne fut pas peu surpris de voir que pendant le séjour de M. le Préfet dans notre pays, les spéculateurs n'avaient pas perdu leur temps, et que les choses avaient marché bon train. En effet, M. le Maire présenta au Conseil un plan général décrivant, dans un très court circuit, un réseau complet de voies de communication qui sillonnaient en tous sens les terrains de la spéculation. Toutes, parmi ces voies, il y en avait qui avaient été précédemment reconnues utiles dans un autre but, mais dont les projets avaient été ajournés à cause de la situation financière de la commune; celle-ci n'est malheureusement pas plus à même, aujourd'hui qu'alors, d'exécuter ces dernières voies, à plus forte raison n'est-elle pas en état de souscrire à d'autres projets plus onéreux.

Voici ce que le Conseil pensait et ce qu'il a soutenu dans la séance du 24 décembre 1865.

Il n'était pas d'avis que les efforts de l'Administration se concentrassent dans un coin de la commune pour favoriser exclusivement la spéculation des terrains à bâtir et la location des maisons garnies, au détriment du reste de la commune. En effet, il n'est pas vrai que les baigneurs fassent la fortune de tout le pays; ils sont assurément avantageux au petit nombre de ceux qui se livrent à l'achat et à la vente des terrains à bâtir, et aux locations en garni, mais en dehors du rayon restreint où s'exerce cette industrie, les populations n'ont rien gagné à la présence des baigneurs, au contraire l'expérience est là pour démontrer que si le travail et les denrées sont payés un peu plus chers, d'un autre côté les loyers et les fermages ont augmenté beaucoup plus, et c'est en définitive ceux pour qui il ne peut y avoir aucune compensation, tels que ceux qui n'étant ni logeurs en garni, ni travailleurs ou marchands, et achètent tout ce qu'ils consomment, qui souffrent le plus, et c'est la classe la plus nombreuse de notre commune où la population est essentiellement maritime. Ainsi se trouve réduit à ses justes proportions le paradoxe que les spéculateurs ont cherché à exploiter. Il n'est donc pas juste de consacrer dans un seul endroit toutes les ressources d'une commune, et même de l'obérer pour contribuer à enrichir une industrie particulière quand le reste de la commune non seulement n'en profite pas, mais encore en souffre et supporte tout de même sa part d'impôt et de charge communale.

Le Conseil municipal a donc pensé qu'une sage administration, pour rester dans son rôle, doit étendre également partout son action bienfaitrice, et surtout ne pas se substituer à l'industrie privée, car autrement elle négligera les véritables intérêts du pays pour se laisser aller aux utopies dangereuses. Il désire assurément le développement des prospérités du pays, et favorisera, autant qu'il le pourra, tous les moyens propres à y attirer et y fixer les étrangers; mais avant tout, l'utile doit l'emporter sur l'agréable, et surtout il faut que les dépenses s'harmonisent avec les recettes. Si des particuliers veulent appeler la spéculation sur leurs terrains, et s'engager dans des entreprises hasardeuses, rien de mieux que la spéculation exécute à ses risques et périls des voies qui doivent exclusivement lui profiter ; elle peut imiter en cela l'exemple qui a déjà été donné dans notre pays par de généreux citoyens qui n'étaient pourtant pas directement intéressés aux sacrifices qu'ils se sont imposés, mais c'est compromettre une bonne administration d'engager dans de pareils projets les finances d'une pauvre commune obérée. Le Conseil a pensé que l'Administration ne doit absolument intervenir dans ces projets, que pour donner des alignements qui sont d'ordre public et général. C'est ainsi, du moins, qu'il a compris dans l'espèce, cette justice distributive dont parle Votre Excellence dans sa circulaire du 13 avril 1865.

Nous avons crû devoir rapporter ici les sentiments du Conseil municipal, parce qu'ils sont ceux de la masse de la population. Il est malheureux qu'ils n'aient pas pu parvenir dans toute leur vérité jusqu'à M. le Préfet, qui n'a entendu que les quelques intéressés au projet, parmi lesquels — il faut bien le dire — se trouve M. le Maire lui même, qui a acheté des terrains sur lesquels se porte la spéculation. Il est à présumer que si M. le Préfet avait connu cette circonstance, il eût sans doute accepté avec plus de réserve les avantages communaux que M. le Maire était intéressé à lui faire entrevoir ; d'ailleurs, n'est-il pas notoire que M. le Maire loge aussi en garni ?

C'est donc sous les auspices de M. le Maire et de quelques intéressés, que le projet d'entraîner la commune dans ces nouveaux travaux a été conçu et arrêté ; les agents-voyers se sont mis à l'œuvre avec une incroyable rapidité, et quand tant de besoins en souffrance se faisaient sentir depuis si longtemps, on vit la préférence accordée à une conception nouvelle et impopulaire. Cette conception fut donc portée, comme nous l'avons dit, à la séance du 24 décembre 1865. La confusion qui régna alors dans beaucoup d'esprits entre les anciens projets et les nouveaux, l'assurance que M. le Maire ne cessa de donner au Conseil que ces voies ne seraient pas exécutées aux frais de la commune, en laissant croire que M. le Préfet et les intéressés disposaient des moyens d'exécution, et enfin l'ignorance où il laissa le Conseil que M. le Préfet devait les classer chemins vicinaux, contribuèrent à calmer les inquiétudes du Conseil, et à cette faveur M. le Maire obtint la délibération qu'il désirait. Cependant, cette délibération démontre même la répugnance du Conseil, car tout en acceptant le tracé, il avait été tellement frappé de l'inutilité d'une promenade de 16 mètres de largeur, aboutissant à la grève des bains et la contournant, qu'il a voulu appliquer à cette promenade, par une clause spéciale, les assurances de garanties résultant des explications de M. le Maire. En effet, si le Conseil ne voyait dans cette promenade qu'une tendance de l'administration à revenir à d'anciens projets qui avaient été repoussés autrefois par le Conseil, auquel ils ne présentaient, comme cette promenade, qu'un caractère d'agrément évidemment fait en vue des étrangers qui fréquentent temporairement ces parages pendant la saison des bains, le Conseil voyait, d'un autre côté, que cette promenade serait très dispendieuse à entretenir, et ne procurerait pas aux étrangers l'avantage qu'on en attendait, parce qu'elle serait constamment envahie par les sables mouvants que les vents soulèvent périodiquement dans ces parages.

Le Conseil pensait qu'on aurait pu atteindre le même but en pratiquant tout le long du littoral un sentier d'un mètre de largeur, qui aurait eu l'avantage de servir en même temps à la douane, et à la marine en cas de sauvetages, sans occasionner de grandes dépenses, puisqu'il avait la certitude que les propriétaires qui se refusaient à donner 16 mètres de terrain, donneraient volontiers un mètre.

Cependant, M. le Préfet n'attendait que la délibération du Conseil pour rendre son arrêté déclarant d'utilité publique toutes ces voies de communication et les classant chemins vicinaux, sous le titre de *Redressement de divers chemins vicinaux*. En effet, la délibération est du 24 décembre 1865, et l'arrêté de M. le Préfet est du 26 décembre. Il est donc impossible de ne pas voir que M. le Maire a mis auprès de M. le Préfet plus d'empressement pour ces voies, qui l'intéressaient personnellement, que pour nos voies agricoles, auxquelles il ne porte qu'un médiocre intérêt, ni de ne pas craindre que si des fonds étaient mis à sa disposition, il ne les employât de préférence aux premières plutôt qu'aux secondes. D'un autre côté, on a de la peine à s'expliquer comment M. le Préfet, qui jusqu'à présent a toujours refusé d'autoriser la construction de la Maison d'Ecole, dont le besoin est si urgent, a pu accorder si facilement le classement des voies nouvelles, qui n'avaient pas le même degré d'urgence. M. le Maire a bien expliqué que, quant à la Maison d'Ecole, M. le Préfet trouvait que la commune n'avait pas assez de fonds pour la commencer, mais il ne nous a pas dit que, quant aux dites voies de communication, il se soit préoccupé, comme pour l'Ecole, de savoir si la commune avait des fonds à affecter à ces voies, ni de quelle manière il comprenait que M. le Préfet pût s'y prendre pour les exécuter sans la participation de la commune. Mais les événements qui ont suivi, et que nous allons rapporter plus loin, ont éclairci un peu ces ténèbres, et nous avons acquis la conviction que ce que l'on ne voulait pas déclarer franchement, de peur de nuire au succès de l'entreprise, c'est que l'on comptait exécuter ces chemins avec les ressources de l'octroi, que l'on présentait comme moyen d'éteindre la dette communale préexistante.

Le Conseil municipal, voyant toutes ses prévisions dépassées, s'abstint de donner son avis sur une enquête d'intérêt privé ouverte au sujet de ses chemins, conformément au titre II de la loi du 3 mai 1841 ; mais M. le Préfet n'en prit pas moins son arrêté en date du 12 janvier 1866, conformément à l'article 11 de la même loi.

C'est pourquoi, comme nous savons que d'après la loi du 21 mai 1836, les chemins vicinaux légalement reconnus sont à la charge des communes ; comme d'ailleurs les chemins classés par l'arrêté du 26 décembre 1865 excèdent en tout ou en partie la largeur des chemins vicinaux ordinaires, et sont, par conséquent, un surcroît de charges pour la commune, tant pour l'ouverture que pour l'entretien de ces chemins ; comme le mot *redressement* employé pour le classement de ces chemins a un sens forcé pour au moins une partie d'entre eux : comme le jugement d'expropriation a été rendu le 20 janvier 1866 et signifié aux parties, le tout au nom de M. le Préfet agissant dans l'*intérêt* de la commune de Saint-Enogat, et comme ce jugement doit être exécuté dans les six mois par la fixation de l'indemnité, conformément à l'article 55 de la loi du 3 mai 1841, nous avons de fortes présomptions de craindre que la commune ne soit entraînée *malgré elle* dans des travaux qu'elle repousse, et comme nous pensons que si l'on admet que ceux qui payent ont bien le droit d'être consultés sur leurs besoins et de dire leur avis, nous avons cru indispensable et urgent de nous pourvoir devant Votre Excellence contre l'arrêté de M. le préfet, pour en arrêter les conséquences désastreuses, afin que l'Aministration ne puisse pas se prévaloir d'un consentement tacite pour exécuter les travaux et venir plus tard imposer de nouveau la commune à l'effet de payer cette nouvelle dette, ou prolonger la durée de l'octroi au-delà du terme strictement nécessaire pour acquitter la dette préexistante.

Nous nous en référons donc pleinement à la justice de Votre Excellence pour ce qu'elle jugera à propos de faire à ce sujet.

Par la même circonstance, nous devons faire connaître à Votre Excellence que M. le Préfet a été saisi d'une demande en nullité de la délibération du 24 décembre 1865. Cette demande adressée à M. le sous-préfet de Saint-Malo le 30 janvier 1866, est fondée d'abord sur ce que la délibération tout entière est entachée d'un vice radical, en ce qu'on a pensé que l'article 21 de la loi du 5 mai 1855 s'opposait à ce que M. le Maire y pût part, puisqu'il avait un intérêt direct et personnel engagé comme possesseur de terrains atteints par l'exécution des voies projetées, et ensuite parce que l'arrêté préfectoral du 26 décembre 1865, en classant *indistinctement* toutes ces voies, chemins vicinaux, les mettait *ipso facto* à la charge de la commune, et par là contrevenait à la clause de cette délibération qui exonère la commune de cette charge pour la promenade longeant la grève des bains.

Il n'est pas non plus sans intérêt de porter à votre connaissance les circonstances dans lesquelles cette demande a été introduite :

Le 14 janvier 1866 a eu lieu une assemblée communale, composée des conseillers et des plus imposés de la commune, pour délibérer sur un emprunt et sur une imposition extraordinaire ; l'un et l'autre furent reconnus nécessaires pour éteindre la dette communale. L'assemblée accepta, comme imposition extraordinaire, un octroi portant, entr'autres choses, sur les cidres, boissons du pays. La délibération n'ayant pu être rédigée séance tenante, fut remise le lendemain par le secrétaire-rédacteur du conseil au secrétaire de la mairie, pour la transcrire sur le registre des délibérations. Mais M. le Maire s'empara de cette délibération, lui en substitua une autre de son chef, et ne reproduisit point exactement les choses comme elles s'étaient passés, notamment en ce qui concerne les termes sur lesquels le vote avait porté pour la taxe des cidres. M. le Maire essaya bien plus tard d'expliquer la raison de ce changement, mais la raison évidente pour tout le monde, c'est que ce changement, en étendant sur tous les cidres indistinctement la taxe qui avait été jugée suffisante par l'assemblée pour atteindre le but proposé, c'est-à-dire l'extinction de la dette communale, devait donner un surcroît de recettes, qui aurait trouvé naturellement son emploi dans les chemins patronés par M. le Maire.

Quoi qu'il en soit, la grande majorité des membres de l'assemblée communale signèrent sur le registre, au pied même de cette délibération, une protestation à la date du 18 janvier 1866. M. le Maire tenta d'obtenir la rétractation de cette protestation à la séance qui eut lieu le 21 courant, mais les membres qui l'avaient signée ne firent que la confirmer, et même devant la persistance de M. le Maire, ils durent se retirer au nombre de onze, en alléguant, du reste, que M. le Maire contrevenait à l'article 16 de la loi du 5 mai 1855, en les entretenant, en *session extraordinaire*, d'autres choses que de l'objet spécial pour lequel il les avait convoqués, en sorte que les six membres qui restèrent avec M. le Maire, n'étant pas en nombre suffisant pour délibérer, durent aussi se retirer avec lui.

M. le Préfet a été saisi d'une demande en nullité de cette délibération du 14 janvier, par le même pourvoi du 30 janvier ; nous joignons une copie tant de ce pourvoi que de la protestation du 18 janvier. M. le Préfet ne nous a pas encore fait connaître officiellement sa décision sur ce pourvoi, aussi les conseillers municipaux soussignés étant décidés à ne prendre part à aucune délibération sur le fond des mêmes sujets avant que Votre Excellence ait prononcé en dernier ressort, nous avons l'honneur, M. le Ministre, de nous pourvoir en tant que de besoin devant Votre Excellence, pour qu'il vous plaise statuer ce qu'il appartiendra sur la connexité de tous ces faits que nous résumons ainsi :

Résumé :

1º L'arrêté préfectoral du 26 décembre 1865, mettant à la charge de la commune de nouvelles voies de communication sous le titre de redressement de chemins vicinaux, n'a pas tenu compte des vœux du Conseil municipal ni de la masse de la population ;

2º Si la commune avait des fonds disponibles, elle les emploierait de préférence à l'amélioration de ses voies agricoles dont elle a un si grand nombre en souffrance, et avant tout elle ne pourrait en faire un meilleur emploi qu'en commençant par achever l'œuvre de la donation du terrain de l'église ;

3º Une imposition extraordinaire pesant déjà sur la commune, il n'a pas été possible de songer à en établir une nouvelle ; cependant il y a une dette communale à payer, de là est née l'idée d'établir un octroi qui est donc appelé dans l'espèce à remplacer une imposition extraordinaire. La population ne s'élevant déjà pas au chiffre voulu pour supporter un octroi dans les conditions ordinaires, n'acceptera l'octroi dans l'espèce que pour payer la dette. L'octroi étant un impôt facultatif, ne doit-il pas être loisible à la commune de le réglementer comme bon lui semble ? De plus, s'il est constant que la commune ne consente à subir cet octroi qu'aux lieu et place d'une imposition extraordinaire, et seulement comme conséquence indispensable de la dette préexistante qu'il s'agit d'éteindre, les plus imposés aux rôles de la commune ne doivent-ils pas être appelés avec le Conseil municipal, conformément à l'article 42 de la loi du 18 juillet 1837, à accepter cet octroi, avant qu'il soit établi et réglementé par ce Conseil?

Nous demandons pardon à Votre Excellence de la longueur de notre mémoire, mais avant tout nous avons tenu à être lucides, sincères et véridiques, et nous espérons avoir atteint ce but.

Nous avons l'honneur d'être, Monsieur le Ministre, avec le plus profond respect,

De Votre Excellence

Les très humbles et très obéissants serviteurs.

DÉMISSION COLLECTIVE.

Monsieur le Sous-Préfet,

Les soussignés, conseillers municipaux de la commune de St-Enogat,

Considérant qu'après s'être pourvus devant qui de droit contre les actes du Maire de St-Enogat, ils étaient en droit d'attendre une décision quelconque des juges de la matière;

Considérant que la nature des griefs articulés devaient mettre, jusqu'à cette décision, une barrière entre le maire et les plaignants, puisque la confiance, indispensable à toute bonne administration, faisait défaut;

Considérant qu'après avoir fait connaître, à différentes reprises, à l'autorité supérieure, qu'ils ne pouvaient s'associer avec M. le Maire à la collaboration des affaires communales jusqu'à ce qu'une décision légale ne fût intervenue sur leurs plaintes, ce dernier, plus jaloux de ses fonctions que soucieux des sentiments de ses collègues, persiste toujours à convoquer le Conseil municipal, et se contenterait volontiers d'administrer la commune avec la minime minorité de ce Conseil;

Considérant que si au point de vue du droit, leur abstention est sans force, elle est du moins conforme aux lois de l'honneur qui doivent être leur règle de conduite dans la lutte inégale qu'ils n'ont pas craint d'engager pour faire entendre la justice de leur cause, mais que dès lors que cette abstention peut être nuisible aux intérêts de la commune, ils n'hésitent pas à montrer à M. le Maire l'exemple que l'honneur conseille en pareil cas, plutôt que de faire ce que leur conscience réprouve ;

Déclarent qu'il est de leur honneur et de leur dignité, comme de l'intérêt de la commune qu'ils représentent, de ne pas garder plus longtemps les fonctions qu'ils ont reçues du suffrage universel; ils s'en démettent volontairement avec la conscience d'accomplir un devoir de bons citoyens, portant devant ce tribunal suprême la seule protestation qu'ils puissent faire entendre en ce moment ;

En conséquence, les soussignés vous prient, M. le Sous-Préfet, de recevoir leur démission des fonctions de conseillers municipaux de la commune de St-Enogat,

Et ils ont l'honneur d'être, avec un profond respect, vos très humbles et très obéissants serviteurs.

Signé : CARFANTAN, propriétaire ; LEPESQUER, LÉNARD, BOINARD, DEGAS, UARO, capitaines marins ; LECRUBIER, LOQUEN, JOSSE, BOULOU, propriétaires-cultivateurs ; CAHAREL, ex-maître canonnier de marine, chevalier de la Légion d'honneur.

P.-S. — M. le Sous-Préfet est prié de vouloir bien accuser réception de la présente lettre à l'un des onze démissionnaires, que la démission antérieure de M. Richelot porte au nombre de 12.

Déposé à la sous-préfecture de St-Malo, le 2 juillet 1866.

LETTRE ADRESSÉE A M. CARFANTAN

CONSEILLER MUNICIPAL.

Paris , le 24 septembre 1866.

Monsieur, de concert avec plusieurs conseillers municipaux et habitants de St-Enogat , vous m'avez adressé une réclamation contre un arrêté du 26 décembre 1865 , par lequel M. le Préfet d'Ille-et-Vilaine aurait déclaré d'utilité publique l'ouverture ou le redressement de chemins vicinaux , sans utilité pour la commune , et qui absorberaient des ressources dont elle aurait besoin pour d'autres dépenses plus urgentes. Vous vous plaignez , en outre , de ce que M. le Préfet n'aurait pas encore statué sur votre recours contre une délibération municipale du 14 janvier 1866 , relative à la création d'un octroi ; enfin , de ce qu'il aurait rejeté le projet de construction d'une mairie et d'une maison d'école.

Je dois vous faire observer , Monsieur , que le premier chef de votre réclamation n'est pas fondé. En effet , l'arrêté préfectoral du 26 décembre 1865 déclare d'utilité publique le redressement de quatre chemins vicinaux indiqués au plan soumis à l'enquête. Les deux premiers appartiennent à des lignes d'intérêt commun qui se trouvaient antérieurement classées. Le quatrième , y compris son raccordement avec la grève de l'écluse , a été demandé par le Conseil municipal et divers cultivateurs , pour faciliter leurs approvisionnements d'engrais marins ; en réalité , vos critiques ne s'appliquent qu'au troisième chemin, allant du Bec de la vallée à la grève de l'Ecluse et longeant cette baie jusqu'à l'extrémité nord du boulevard. Selon vous, le projet n'en a été voté que sous la condition expresse que la dépense ne serait pas à la charge de la commune. A cet égard, M. le Préfet d'Ille-et-Vilaine fait connaître que cette dépense sera payée au moyen de ressources provenant d'une souscription particulière et des secours qu'il se réserve d'accorder. La commune n'aura donc à supporter aucune charge extraordinaire. Du reste, en déclarant l'utilité publique de ce chemin, après l'accomplissement de toutes les formalités prescrites par la loi et les règlements , l'autorité préfectorale n'a pas excédé les limites de ses attributions. Je ne puis donc que confirmer l'arrêté attaqué du 26 décembre 1865.

En ce qui concerne la délibération du 14 janvier, M. le Préfet a reconnu qu'elle était entachée de nullité, attendu qu'elle a été prise à tort avec le concours des plus imposés, et ce fonctionnaire se propose de l'annuler, aussitôt qu'il aura reçu le procès-verbal rédigé par le secrétaire du Conseil municipal.

Quant à la construction d'une mairie et d'une maison d'école, aucune décision n'a été prise par l'autorité préfectorale ; l'instruction du projet est commencée, et, lorsqu'elle sera terminée, les pièces devront en être soumises à M. le ministre de l'instruction publique à l'effet d'obtenir sur les fonds de l'Etat un secours dont la commune a besoin pour pouvoir l'exécuter.

En conséquence, Monsieur, je vous informe que votre réclamation n'est susceptible d'aucune suite. Veuillez communiquer ma décision à vos co-réclamants.

Recevez, Monsieur, l'assurance de ma considération.

Le ministre de l'intérieur,

Pour le ministre :

Le Conseiller d'Etat, secrétaire général,

(Signature illisible).

Nous constatons que :

1° Le Mémoire reprochait au Maire d'avoir présidé la séance du 24 décembre 1866, contrairement à l'article 2 de la loi du 5 mai 1855, le Maire étant intéressé dans la question comme propriétaire d'un des terrains en cause. — M. le Ministre ne répond pas.

2° Seconde illégalité plus grave encore. Le Mémoire renouvelait une accusation déjà faite, le 18 janvier 1866, dans une protestation signée par onze conseillers municipaux et par huit principaux imposés. Le Maire était accusé d'avoir substitué au procès-verbal rédigé par M. Carfantan, secrétaire du Conseil, un procès-verbal rédigé par lui-même, dans lequel il altérait le sens de la délibération prise, et il se décernait des éloges qui ne lui avaient pas été faits par le Conseil. — M. le Ministre ne répond pas.

3º M. le Ministre dit que le Préfet attend pour statuer sur la nullité de la délibération du 14 janvier, qu'il ait reçu le procès-verbal rédigé par le secrétaire du Conseil municipal. C'est celui-là même auquel M. le Maire en a substitué un de sa façon. Qu'est devenu le vrai? Dans une lettre écrite au Sous-Préfet le 23 avril, M. Carfantan, secrétaire du Conseil, répondait déjà que M. le Maire gardait cette pièce en sa possession et que c'était à lui qu'il fallait la réclamer. — Comment se fait-il que M. le Préfet ignore ce détail important?

4º Le Ministre ne répond pas aux questions posées par le Mémoire au sujet de l'octroi.

5º Quant à la mairie et à la maison d'Ecole, le Mémoire se plaint précisément de ce que constate M. le Ministre, à savoir qu'aucune décision n'a encore été prise à leur sujet par l'autorité préfectorale. L'instruction d'un projet est commencée, ajoute M. le Ministre. — Pourquoi si tardivement? Pourquoi les travaux de luxe ont-ils été faits avant les travaux de première nécessité.

6º M. le Ministre dit que ces derniers travaux seront payés par une souscription particulière et par des secours que M. le Préfet se réserve d'accorder. C'est reconnaître encore ce que nous ne cessons de répéter, que ces travaux ne sont pas directement utiles à la commune. Nous savons que les dépenses sont relativement considérables et que la souscription a jusqu'à présent atteint un chiffre très minime. Si ce n'est pas sur ses fonds personnels que M. le Préfet accorde des secours, ce sera sur les fonds départementaux, qui eussent été beaucoup mieux employés à des dépenses urgentes et d'un intérêt général incontestable et incontesté. D'ailleurs, la commune aura toujours à supporter les frais d'entretien de routes dont le plus grand nombre n'est utile qu'aux spéculateurs, dont les terrains ont acquis depuis leur ouverture une grande plus-value. Enfin, l'initiative de cette souscription appartient à M. le Maire, qui est intéressé personnellement à son succès. Les intérêts des enfants de la commune ne devraient-ils pas passer avant les intérêts des spéculateurs ? N'eut-il pas été plus convenable, à tous égards, que M. le Maire ouvrît une souscription pour l'École ?

———

La démission de la majorité du Conseil a créé une situation tellement irrégulière qu'il nous semble impossible qu'on n'y mette pas fin par un appel aux électeurs. Et cet appel doit être prochain, car nous croyons pouvoir affirmer que M. le Maire n'arriverait pas à réunir autour de lui un nombre suffisant d'hommes considérés et capables qui acceptassent de faire partie d'une commission municipale.

Que les électeurs votent donc selon leur conscience. Le scrutin est secret. Ils n'ont rien à craindre..... qu'une mauvaise administration, et les divisions qui en résultent nuisent à tous. Dinard prend chaque année une grande extension, il devient l'une des stations de bains de mer les plus fréquentées. Le pays est donc appelé à un très brillant avenir, qui serait compromis, si ses habitants, éblouis par une prospérité rapide, se laissaient aller aux entraînements d'une cupidité aveugle et dangereuse. Ils ne doivent accorder leur confiance et la gestion de leurs affaires qu'à ceux qui leur donnent des garanties de moralité ; c'est la première condition d'une bonne administration. La seconde, c'est l'intelligence des intérêts généraux que ne peuvent avoir ceux qui ont la préoccupation exclusive de leurs intérêts particuliers.

Les électeurs sont les juges des juges, comme dit le père Blondeau.

Nous avons fait cette petite publication, pour qu'ils puissent juger en connaissance de cause — c'est à eux de prononcer en dernier ressort.

Nantes, ce 4 octobre 1866.

———

Nantes, imp. Evariste Mangin.

www.ingramcontent.com/pod-product-compliance
Lightning Source LLC
Chambersburg PA
CBHW061720060726
47597CB00006B/2483